瞑想の先

～光り輝いて生きるために～

佐藤康則

「まえがき」

こんにちは。はじめまして。私が「れんの学校」という勉強会を始めまして三年近くが経ちます。この学校は一対一、もしくは少人数で行い、お話と内観を通じて、自己実現を目指す学校です。

これまで受講していただいた沢山の方々と触れ合ってきました。内観を通じてお一人お一人の人生のわずかな断片に触れることによって、私自身も多くを学ぶことが出来ました。これからももちろん学びは続いていくのでしょうが、一旦区切りを入れておきたいという思いに駆られました。

そのためにこれまで私自身がこの学校を通じて受講者の皆さんと共に学んだことのエッセンスをまとめておきたいと思います。

そしてここでの学びが、ご縁ある皆さま方にとって、わずかでも人生のプラスとなりますようにと心より願いまして……それでは始まり、始まり。

目次

「命のこと」

私たちは生きていますね。では、生きるとは何でしょうか？　一言で答えなさいと誰かに問われたならば、あなたはどう答えますか？

楽しむこと、四苦八苦、食べること、仕事すること、欲望を満たすこと、夢をかなえること……。

人の数だけ答えはあるかと思います。どれも間違いではないし、本当は、正解も不正解もないのかもしれません。でも「れんの学校」で誰かに私が尋ねられたのならば「成長」と答えます。なぜか？

人間は心と体で出来ています。

まずは体です。体は赤ちゃんから子供、そして大人へと成長していきます。ですが、ピークを過ぎれば、今度は衰えていきますね。うちのじいちゃんの口癖は「二十四歳の朝飯前までは体は大きくなるぞー。」でした。子供ながらにいつも二十四歳まで沢山ご飯を食べて、大きくならなくちゃって思っていたように思います（笑）

それはさておき、体は物質なので自然の法則に支配されています。生まれて、成長成熟し、そして衰えていく。宇宙空間にあるすべては、この法則から逃れることは出来ませんよね。太陽もいつかは消えてなくなるって、学校で教わってびっくりしたこと覚えていませんか？

さてこのように体は自然のものです。ですから心が宿ってない体は単なる物です。単なる物に心が宿っているから人間と呼んでいます。となると人間の本質は心であると言えなくもありません。

では心の方を見ていきたいと思います。

心は意志の力で上に向かって成長するものであり、また意欲をなくしたら下に向かって後退していくものだと思います。

体験的に、心の力は鍛えるとどんどん強くなります。忍耐する力、辛抱する力、努力を続ける力、人を敬う力、人の悲しみに寄り添う力を毎日意識して養っていくことで、人間として優しく、そしてより強い方向へ成長していくことが出来る。

反対に、深く傷つき、人に失望し、人生に絶望すると、この社会の中で生きていく意味を見失い、自らの命を絶ってしまうほど、心の力を失ってしまうことがあります。また、我欲を膨らませ、人を人とも思わない残忍で動物的な心を宿すこともある。

では心が上に向かって、正しい方向へ成長していくとすれば、どこまで成長するのでしょうか？

それは「大事な友人のために命を捨てることさえ惜しまない」という高みにまで成長するものだと

思います。

かつてこの日本には沢山の武士（サムライ）がいました。大塩平八郎は大飢饉に苦しむ民のために町奉行と豪商に対し挙兵し、吉田松陰は日本のためにと黒船に小舟で漕ぎ出で、西郷隆盛は浪人武士の憤りを一身に受けて立ち上がり、そして大塩も松蔭も西郷も大切な友を守るために死んでいきました。

時代は下りアメリカとの戦争では、片道のガソリンしか積まない特攻機が敵艦を目指して飛び立ち、３９４８名もの若者が海の藻屑と消えていきました。みな故郷の誰かを守るためにふるえながらも勇敢に飛びたった。戦争に負けはしましたが、彼らのおかげで今もこうして日本は存在しています。彼らは命と引き換えに愛する故郷を守り抜きました。そして今も靖国から日本の、そして私たちの行く末を案じておられます。

命は成長します。愛と正義を知るために私たちは生まれてきます。そして愛と正義を知った命は、今度は愛と正義を守るために立ち上がり、その行いを通して愛とは何か？　正義とは何か？　を、いまだ未熟な魂に命をかけた覚醒の銃弾を打ち込んでいく。

先人の覚醒の銃弾に撃ち抜かれたならば、あなたの魂は愛と正義の響きに共鳴し、いよいよあなたの命の炎がたかだかと燃え出します。

さあ、今度は私たちの番が来ていますね。

あなたの命は燃えていますか？
あなたの愛は叫び出していますか？

あなたの正義はこの世界を変えていけるか？
そろそろみんなで走り出してみましょうよ？
あの先人の背中に負けないように……。

「幸せとお金について①」

まずは幸せについて。

「幸せになりたいですか?」そう聞かれたら、おそらく多くの方々が「なりたい。」と答えると思います。もちろんそう思ってない方もいるかと思います。私も若い頃は特に幸せになりたいとは意識していませんでした。幸せ自体がよくわからなかったからです。

幸せになりたいと思うようになったのは、苦しみや挫折を経験したから。今思えば、それは避けられない暗闇でしたが、長いトンネルにようやく光が差し出したとき、天に感謝せずにはいられませんでした。そして、この幸福が手からこぼれないようにと天に願い祈りました。

幸せはやっぱりあります。それは、言葉にはしづらいものだと思います。例えば安心感、人との繋がりの中で育まれる温もり、自由さ、仕事のやりがい、友情、何かを手に入れる喜び、成長する喜び、美味しいものを囲んでの暖かい団らん。そして明日も変わらず人生を生きていてもいいという希望……。

一度でも不幸を経験した人は、やっぱり幸福を追い求めるものだと思います。ささやかでもいいから、この日々の穏やかな暮らしが続いてほしいと。

ここで質問を変えます。

「あなたはいま幸せですか？」

どのような答えをいただけるのかを、お一人お一人に聞いてみたいところですが、この質問に対して私はこう答えます。

「私はいま十分に幸せです。この穏やかな生活が続けばいいなあと心から願っています。職場の仲間も、友人も、仕事にも社会活動にも満足しています。健康な体にも感謝しています。そして夢も沢山あります。叶うものも叶わないものもあるかもしれませんが、あとはその夢に向かってこれからも楽しんで進んでいくだけ……」

これは私の正直な気持ちです。どう思われますか？

「そうそう、そうだよね。」「えー！　そんなこと思ったこともないし!!」など、共感も反感もありそうです。

カウンセリグという仕事をしていると、実に沢山の方が幸せを実感していないんだなあということがわかってきます。不幸でもないけど、かといって幸せでもないという方も本当に多い。

でもそれは経験上なんとなくわかります。私自身はっきりと「幸せです」と答えることが出来るようになるまでに、多くのことを経験し、学ぶ必要があったからです。ささやかな幸せかもしれませんが、ここに辿り着くまでに必死に人生を泳いできました。

もし一生懸命に学ぶことを怠ってきたならば、きっと今も不幸でもないけど、幸せっていうほどでもないと答えているだろうなあと思います。

「幸せになる知恵」はこの世界には確実に存在しています。私はそれを周囲の方々より多く手に入れて、実際に使いこなしてきたように思います。お節介かもしれませんが、れんの学校では、それらの知恵の中で特によかったもの、役立ったものを授業や個人カウンセリングなどを通じて伝えてきました。参考になるものも、参考にならないものもあるかもしれませんが、この本の中でいくつかお伝えしていきたいと思います。気に入った考え方や、習慣などがあればぜひ取り入れてみてください。

さて、本題に入りたいと思います。「幸せ」についてでしたね。「幸せは～歩いてこない♪だから歩いていくんだね～♪一日一歩、三日で三歩、三歩歩いて二歩下がる～♪♪」うーん、幸せって全くこの歌のその通りですね。簡単にたどりつけない感じがよく滲み出ていていいなあと思います。

まず「幸せ」はどこにあるのか？　どこに歩いて行けば辿り着く？

そうですね。私ならこう歌います。「幸せは～♪周りのみんなの笑顔の中にあるんだね～♪♪」

何となく伝わりましたよね？（笑）　だってみんながいないと自分の生活も成り立たないし、そもそもこの地球に一人で住んでもつまらないじゃんって思います。
わかりづらいですか？　十分伝わったと思いますけど（笑）……。歌には力があります！

視点を変えてもう少し「幸せ」について考えてみたいと思います。またまた質問です。今度は幸せのすごさについてです。「幸せのすごいところって、どこだと思いますか？」

まあ変な質問ですけど、真面目に考えてみてください。うーん私はやっぱり、この地球上全ての人が幸せになる可能性があるってところだと思います。

どんな世界でも三角形が存在します。ヒエラルキー（ピラミッド型の階級的組織構造）ですね。そこは大なり小なり競争の世界です。三角形の頂点を目指すのは悪いことではありません。職人としてトップを目指す。科学者としてトップを目指す。私自身も会社経営していますので、三角形の世界から逃れることはできませんし、否定もしていません。トップにもなってみたい。そして同時に競争なんて嫌だと思ってもいます。だって死ぬまで続くじゃん……（笑）
ただし競争をして業界のトップになってもそこには「幸せ」はないと気づいています。そこでは優越感とか達成感、自己満足とか自己肯定感を受け取ることができます。それはそれでとっても素晴らしいこと。

頂上に登れる人はもちろん本当に一握りです。ごくわずかな人しか金メダルは取れません。表彰台の上からの景色を見ることのできる人って、なんか本当に羨ましいでしょ？　それでプロフェッショナル仕事の流儀や情熱大陸からオファーがあって出演できるかもしれないし……。「ずっと探してた～♪本当の自分って♪」スガさんの歌最高ですっ!!　おっとまた歌！（笑）

だけど全員が頂上に登れるわけでもありませんよね。じゃあ頂上に登れないからといって、生きる価値がないかといえば全然そうではない。トップになれなくても、幸せを目指す価値が人生にはちゃんとあるわけです。これって神様からの私たちへのギフトだと思うのです。「幸せ」というあなたの椅子は必ず用意されているということです。七十七億人の地球上全ての人が手にすることが出来るのが「幸せ」。神様はやっぱり太っ腹!!　これが幸せのすごいところだと思います。

私にとって日本に生まれて本当によかったと思うことの一つは、何といっても天皇陛下をいただいている国だということです。歴史上、世界のどこの国でも権力者はいました。だけど日本では2000年以上も頂点にいる天皇が、大昔から三角形のトップであることをやめていません。事実、古墳の時代にも国民を大御宝《おおみたから》と呼んでいる。明治より近代国家に突入していくわけですが、そこでも天皇陛下は日本の中で三角形の頂点ではなく、日本というコミュニティーの中の精神的なつながりの中心として国民と共にお暮らしになっています。このことの凄さを、本当に年々身に染みて感じています。本当の幸せを理解している元首と共に暮らせる日本に生まれたことを誇りにも思います。

私自身は自分の会社から「幸せづくり」を始めました。三角ではなく円を選びました。それからもう少し大きな地域団体にも関わるようになりました。どちらのコミュニティーも居心地が良く、いつも幸せを感じます。そしてこれからオンラインサロンを開設しようと準備を整えています。成功するのか失敗するのかはわかりませんが、今の時代、人の心は、優しい繋がりを求めて飢え渇いているように思えてしょうがありません。

引きこもりの数も１００万人を優に超えています。私が小さい頃は、もっと時間がゆっくり流れ、ご近所さんが機能していました。隣のおばちゃん、その隣のおばちゃんとおばあちゃんも、もっと隣のじいちゃんも僕の人生に頻繁に登場してきて、一緒に食べたり、悪いことするとゴツンと頭を叩かれたり、お菓子をくれたり、普通の麦茶がいいって言ってもなぜかいつも甘い甘い砂糖入りを飲まされたり（笑）……。そんなスカッとする毎日でした。

バブルがはじけ、大きなお店がドカドカ街にでき始めると、なぜか楽しそうな人が減っていった。勝ち組とか負け組とかそんな価値観が溢れていきました。それから三十年。豊かさと共に失ってきたものをそろそろみんなで取り戻さないと、なんかこれから生まれてくる子供たちに申し訳ないような気持ちになってきます。

私は立ち上がろうと思います。暖かいコミュニティーはお互いの人生に潤いを与えてくれます。

飢え渇いている子供たちに、手を差し伸べていこうと思います。飢え渇いている大人にも幸せのお裾分けをしていきたいと思っています。

あなたが共感してくれるなら、共に歩いてほしいと思います。

一人一人の力は小さくても、みんなでやれば今の時代にふさわしい暖かい幸せなコミュニティーも創造できるのではないでしょうか？

「幸せとお金について②」

さあ、次はお金について書きたいと思います。

「あなたはお金持ちになりたいですか？」


もちろん私もお金が沢山あればいいなあと思います。好きなことが出来るし、好きなことに沢山使えます。自家用ジェット機なんかを手に入れて時間だって節約できる……（笑）。そして何より、叶えたい夢のために、死ぬまでに心置きなくお金を注ぎ込むことができたら幸せだと思います。


れんの学校では、こうお話ししてきました。

「いいお金持ちになりたければ、実力をつけること。そうすればいいお金持ちになれますよ。もしくは、悪いことをしていけば実力があろうがなかろうがお金持ちになれる人はいますね（笑）」


いいお金は実力者に集まります。例えば、あなたが日本一のラーメン屋だったのなら、ラーメン屋の中では、日本一の収入を得ます。

物差しが「美味しさ」だけではないので、物事はそう単純ではないでしょうけれど。

マーケティング戦略、立地、広告、店舗デザイン、人材教育、価格設定、仕入れ先、そして味。

全ての実力が揃えばおそらく日本一お金持ちのラーメン屋さんになれるのではないでしょうか？

車の世界ならやっぱりトヨタ自動車が実力があるといえます。他の国産メーカーが追いつけないほど稼いでいます。だから日本一のお金持ちです。演歌歌手なら北島三郎さんでしょうか？　八代亜紀さん？　五木ひろしさん？　あはは、よくわかりません。今度どなたか教えてくださいね。

要するにその世界（業界）で一番実力をつければ、お金持ちになれる。だからお金に困っているという相談を受けた場合は即答します。

「会社で一番の実力をつけてください。」

「日本一の経営者になってください。」

「世界一の職人になってみてください。」

運不運のお金持ちもありますね。例えば宝くじに当たるとか。それはそれでうらやましい。ですが、実力者になればいつでもお金を稼ぐことができます。れんの学校では後者の道をお勧めします。

もちろん業界の大きさによって稼げるお金の大小は決まってきます。車業界のトヨタと、畳業界の職人とでは稼げるお金は違ってきます。パイの大きな業界で一番になることは競争相手が多いのでなかなか上に上がることも難しいですが、上に登れば手に入れるお金も多くなります。

では、仕事に技術に実力をつけるにはどうしたらいいでしょうか？

それにはなんと言っても努力しかありません。汗と涙をどれだけ流したか？　忍耐した時間と血の滲むような努力の毎日。流した汗と涙の量が、あなたの実力です。もちろん才能もある程度必要ですが、才能のあるなしはすぐにはわかるものではありません。

昔から石の上にも三年っていうのは、それほど間違っていないと思います。私は、石の上にも十年だなあと日々思っています。一つのことに根を伸ばし、花を開かせ、実をつけるには十年かかる。全力で自分に挑戦し続けることです。自分にだけは絶対に負けないこと。

実力は言い換えると、どれだけお客様を喜ばすことが出来るかということです。多くの人に感動や勇気を届けることが出来るかということです。

私の大好きな長渕剛さんやMr. Childrenはアリーナをいっぱいにして、多くの人に感動を届けます。それがその歌い手やバンドの実力です。そこに集う人々の感動やありがとうの気持ちがお金に変わってその実力あるアーティストに運ばれるのです。

お金持ちの話はここまでにして、質問を変えてみたいと思います。

「お金に困らないにはどうしたらいい？」

こう聞かれたら、私は「よい行いを積み重ねることがよいですね。」と答えています。

全員がお金持ちになる方法はありません。必ず順番が付くのがお金持ちの世界です。ですが、幸せの話同様に、どうも神様はここでもまた私たちに素敵なギフトを与えてくれたように思えてなりません。

二宮尊徳という貧しい農村を救った偉人がいます。彼の有名な話に「たらいの水」という話があります。

たらいに張った水を、自分の方に集めようと手前に掻くと水は一旦は自分の方に流れますが、手前の板面にぶつかった水が横板に沿って奥の方へ流れていきます。反対に自分の方へ水は掻かずに奥へ押し出してやると、奥の板面にぶつかった水が自分の方へ戻ってくるという話ですね。

人間社会もこのようだと尊徳は農民に話をして回りました。相手のことを考えて、相手に利益を与える生き方が結局は自分を潤すということです。

このことは仏教でもお布施といって、とても大切にされている教えです。与えるものはなんでもいいです。お金、時間、笑顔、優しい言葉、励まし、感謝すること。自分のことを毎日少しだけ譲って生きる。ケチらないでおごるときはおごる。そうしてコツコツやっていくと、見えない貯金箱に善行という透明で暖かいエネルギーのコインがたまっていきます。

その暖かいエネルギーのコインは自分でおろすことができませんが、なぜかあなたの人生が行き詰まることのないように、困ることがないように、サプライズプレゼントのように絶妙なタイミングであなたのもとにお金や時間や良縁という形に変わって還ってきます。

繰り返しますがこれは天のいたずら、いや、やっぱりギフト。

みんながお金持ちになれるわけではないけれど、みんながお金や時間やご縁に困らないようにちゃんと神様がこの世界を用意してくれたと私は思っています。

どうぞ、疑うことなく毎日貯金していってみてください（笑）。みんなに経験してもらわないと私が嘘つき呼ばわりされてしまうので……。

「生きる目的について」

「あなたは何のために生まれてきましたか?」

誰もが一度は疑問に思うことかもしれませんね。またふとした瞬間に、(あれ、私ってこんなことをするために生まれてきたのだったのかなあ?)そんな思いが心をふと過《よぎ》ることもあるかもしれません。

ここでまた質問します。

「なぜ突然そんな思いがあなたに湧いてきたのでしょうか?」

疑問そのものも、もちろん大切なことかもしれません。でも唐突にそのような思いがなぜ湧いてきたのか? そんなことこれまで考えたこともなかったのに? なぜ、今のタイミング? ふと心から湧いてくるメッセージ。考えれば考えるほど、本当に不思議なことだと私には思えてなりません。どこからこんな考えがやってきたのだろう?

カールユングという有名な心理学者がいます。彼は人間には無意識があるよって教えてくれました。そして無意識をもっと知りたいと夢分析を始めた人でした。唐突に湧いてくる思いや疑問や気づきは、直観と名付けられてきましたが、これはやっぱりその無意識層からやってくると、一般的に心理学の世界では定説になっているようです。

自分の頭で考えたことではない何かが心の奥からインスピレーションとしてやってくる。ということは、心の奥に誰かが住んで私たちにいつも語りかけているってこと？　そんなことを考えていると今夜も眠れなくなってきそうです（笑）。「いったいお前は誰やねん!?」

笑い話はここまでにして、何か人みたいな存在を人間は想像してしまいやすいのですが、語りかけてくれる「それ」が何であれ、「それ」（直観）（インスピレーション）は確実に働いています。もちろん、実感として「まるで受け取っていないよ」って思う方も多くいらっしゃると思います。ですがこの世界では、毎日世界のどこかでイノベーションが起きたり、新しい歌が生まれたり、誰も考え付かなかった新しいアイディアが生まれ続けています。アップルでたくさんの革新的なヒット商品を産んだスティーブジョブズもインスピレーションに溢れた人でした。

そう考えると、直観はその人に対して良い方向へ働いてくれそうです。助けになってくれそうですよね。そう考えるのが科学的な人です。そしてもしそんなに役に立つのだったらそれを上手に取り入れたい。多く働かせたい。

インスピレーションがよく働く人は右脳型人間といわれています。また、論理的な人は左脳型人間といわれますね。大切なのは、人間にとって論理もインスピレーションも、どちらも生きる上でとても役に立つものだということです。だからどちらか一方だけ使って生きるよりも、両方を上手に使ってこの人生の大海原を航海する方が賢い選択だと言えます。与えられているものを磨いて丸ごと活かしていく。

より論理的に生きるには、訓練を積み重ねることです。左脳を鍛えることです。話すこと、計算すること、データを分析すること、かいつまんで要点を伝えることが上手な人は論理がよく働いている方です。未来予測が上手な人も論理的な人ですね。多くのデータを集めて、比較したり、解析しながら、未来の着地点を導き出せる。これらは論理的思考を訓練して磨いた賜物だと思います。

インスピレーションを働かすには、積み重ねるのではなくて、反対に削ぎ落としていくことです。心から湧いてくる思いをまっすぐ受け取るには、潜在意識からあなたの意識にまっすぐ伸びる直感パイプの中の汚れやつまりをとる必要があります。直観パイプは目には見えないかもしれないけれど、どんな人にも必ず存在しています。信じるものは救われます（笑）

それでは、具体的にあなたの直観パイプからどんなものを擦《こす》り落としていけばいいのでしょうか？

まずは「心の傷」です。程度がありますが「トラウマ」と呼ばれているものです。どんな人も生まれ落ちてから大なり小なりの傷を抱えて生きています。無自覚の方もいらっしゃるかもしれませんが、ほとんど例外なく傷を抱えています。親とのこと、兄弟とのこと、学校でのこと、友達とのこと。人間関係での傷があなたの直観のパイプにこびりつき、あなたの人生にいつもまとわりつき暗い影を投げかける。ふとした時に悔しい、理不尽だという怒り、悲しみがあなたの感情を揺さぶってくる。寄せては返す波のように。それはまたあなたの行動を制限する。高いところが苦手、暗いところが苦手、女の人が苦手、人前で話すことをどうしても避けたい……。

このように「心の傷」はあなたの感情表現や行動へ、またコミュニケーションの取り方などに対して、全くあなたが気づかないレベルで制限をかけてしまうものでもあり、そして、気持ちのアップダウンにも影響を与えています。そしてそれが直観パイプの詰まりの原因の一つです。だから一個でも、そしてできれば全ての傷を癒すことをお勧めします。

傷を癒す方法ですが、れんの学校では、受講者の皆さんに「内観」をしていただきます。内観は文字通り「自分の内側を観る」ということです。例えば、学生の頃いじめにあった方がいらっしゃいます。いじめはいじめられた方が自分を責めていることが多い。自分が悪かったのだ。自分に欠点や嫌なところがあったからだ。そんな風に攻め続けている人が多いです。それを癒すには自分は悪くなかったんだなと気づくことが大切になります。気づけないまでも内観をして静かな時を持つことで、過去の心の傷が剥がれ落ちていきます。内観については後述します。

心の傷は体の傷にそっくりです。浅い傷口は、しばらく血を流すと気づかないうちにかさぶたが出来てきます。その痛々しいかさぶたも、さらに時を経ればすっかり取れていき、いつしか傷があったことさえも忘れてしまいます。心の傷も同じです。浅ければ何のケアも助けもいらぬまま、すっかり元どおりになっていきます。

だけど、体にとても深い傷を負ってしまうとなかなか治っていきません。心の傷も全く一緒です。その悲しみの深さによっては、この人生をかけて治そうとしても癒しが訪れないかもしれない。大好きなご家族を失う悲しみ、愛するものをあの世に奪われること。いったい私が何をしたというのか？　なぜ私たちにこのような不幸が……。

人生にはどうしようもないことが時に起こります。どうしようもない理不尽なことが突然襲ってくる。そこに、どんな慰めがあるというのか。それを誰が癒してあげられるのでしょうか？　きっと誰も癒すことはできません。どくどく溢れ出す血潮にあなたの命さえもあの世へと引き摺り込まれそうになる。もう立っていることさえできない。息をすることさえ辛い。

なぜ、それほどまでの悲しみを経験する必要があるのか？

ウィーンに生まれたフランクルというユダヤ人の精神科医がいます。彼はナチスドイツの強制収容所に二年半収容されながらも生き伸びた、数少ない生還者の中の一人です。

彼の同居していた家族もみな連行されました。父親は餓死し、そして結婚したばかりの妻は殺され、母親と兄は、毒ガス室で大量殺戮が繰り返されたあのアウシュビッツ収容所で亡くなりました。

フランクルは、ナチスドイツにひとりの妹を除く家族全員の命を奪われてしまいました。

彼は自分の過酷な強制収容所での体験を「夜と霧」という本にまとめています。飲まず食わずで強制労働をさせられ、さしたる理由もなく監視兵に長時間の拷問や殴打を受ける毎日。餓死が横行し、伝染病が蔓延する中で、人間としての感情すら数週間で喪失してしまう望みのない状況。さっきまで話していた仲間の死体に見つめられながらスープをガツガツ飲むような陰惨で想像を絶する地獄……。


暗闇の果てにあって光を失わず生き残ったフランクルは一九九七年九十二歳で亡くなるまで精神科医、心理学者としての地位を確立し、多くの人に生きる勇気と希望を与え、また美しい言葉を残しました。


「どんな時にも人生には意味がある。」

「あなたが人生の意味を問うのではなく、人生の方からあなたが問われている。」

「あなたがどれほど人生に絶望しても、人生の方があなたに絶望することはない。」

「誰かがあなたを待っている。」

「それでも人生にイエスと言う。」


獅子は我が子を谷底に突き落とします。絶望の先には必ずあなたを必要とする人がいます。

私は、神の愛とはそういうものだと思っています。

「思い込み①」

次は「思い込み」です。「思い込み」とは歪んだ価値観、刷り込まれたおかしな価値観のこと。この「思い込み」も直観パイプの詰まりの原因。削ぎ落としていきたいもの。

ところが、時間をかけて信じたものこそが「思い込み」なので、なかなかしつこい。パイプの中のサビ汚れや油汚れみたいなものですね。

例えばインチキ宗教家の教えは、傍からみればどうも歪んだ価値観ですが、長いこと洗脳され完全に染まってしまった人に対しては、どんなにこちらが諭してあげても本人は怒り出すか、もしくは、こちらの話を聞いて（あなたは可哀そうな人―）と内心思われてしまうようなことに……（涙）

さらには、かえす刀で説教までされたり、酷いときには「悪いことは言わん。お前もそろそろ拝んでもらって、先生の壺を買って飾った方がいい。」と迫られることにも……。（後生です、せめてほんの少しだけでも、ワタシの話に耳を傾けてはクレマイカ……）

放っておいてもいいのですが、サビや油汚れは時間が経てば経つほど腐食し悪臭を放つなどして、周囲に迷惑をかけはじめます。突然、古い友人からの食事の誘いが、ヘンテコな新興宗教の誘いだったりした経験はございませんか？

新興の宗教であってもしっかりしていて、周囲に迷惑をかけないものならまあ平和で楽しいコミュニティーでいいかもしれませんが、ある女性は家族を犠牲にして週末の時間の全てを信仰に注ぎ込み、挙句の果てに過去生の罪業をなくす救いになるからと、評判の大先生に大金を貢いでいました。本人はいたって必死です。だって、幸せになりたいのですから。

角度を変えて考えてみたいです。私たちは例外なく子供時代を過ごしています。子供はまあ素直ですね。そして子供にとってのある期間、親は全世界的存在です。その全世界である親の生き方の全てが、つまり親の考え方、世界の見方、そして抱えている価値観がそっくりそのまま子供にコピーされる。それはやっぱり体にすっかり染み込んでいきますよね。

やがて子供は大人になるにつれ、友達やら学校の先生やら、テレビやら今はネットの世界でしょうか？　とにもかくにも自分の世界を見つけていきます。

新しい自分の世界観はこれまでの親の世界観とは相入れないかもしれない。実際相入れないから反抗期が始まっていきます。反抗が深いほど自分の内面と向き合っている証拠。どんどん反抗期をエスカレートさせていくことは悪いことではありません。一人の大人としての自立の準備です。ただし、暴力はいけませんが……（笑）

だけどきちんと反抗できなかった子供たちもいますね。いろんな理由があるかと思います。親が強すぎたり、子供との距離がありすぎたり、愛情の薄い親であったり。反抗できないというのは、親という学校を卒業できないということ。幅広い世界を経験して自分の考えを持つより、親の考え方、価値観、世界観を大切に守り続ける。両親も完璧な人間ではないので、そこには宝もあれば、ゴミくずもサビ汚れもあるわけです。

だから親の役割はとても大切ですね。なるべく歪んだ価値観を子に引き継がせないことが、その子の未来の幸せにとっては重要なことになりますが、心理学にでもよほど精通しないと、直観パイプのサビはなかなか自分では気づくことができないし、そもそも自分が歪んだ価値観を持っているなんてことを考えたこともないのが普通かもしれません。まして世代を超えて負の遺産をリレーしているなんてことも……。

こうしたサビをとっていくために普通私たちは社会を利用します。部活動とかサークル活動、会社生活、海外での暮らしなども大変な薬になるかと思います。

そこで人と人、つまりサビとサビがぶつかり合い、擦れ合います。この軋轢《あつれき》と衝突があなたの内面を磨いていきます。年月を経て、曲がりなりにも円満で幸福な社会生活を送れるようになっていたとしたらそれがあなたの成長ですね。

ここに辿り着くためにどれだけの内面の葛藤を経験したのでしょうか？

どれだけ人と喧嘩してきたのでしょうか？

苦しんできたり、人を嫌いになってきたのでしょうか？

でも今あなたが周囲の人たちとの人間関係に満足しているのなら、笑顔に溢れているのなら、かけがえのない友に、家族に、毎日感謝しても感謝が尽きることはなく、愛おしくてその人たちの幸せを祈らずにいられない日々ならば、それはあなたが与えられた「その場所」から逃げなかった証拠。逃げずに葛藤した証拠です。

悔しいけど、怖いけど、今度は友達と失敗しないように、同僚との関係につまずくことがないように、恋人に見放されないように、みんなと笑顔の日々を送れるようにと、自分を変えようとあの日、あの時、決心したから。

社会はあなたの内面を磨くためにあります。縁あって与えられている「その場所」こそが、今あなたの成長にとって必要な居場所。幸せはそこから始まっていきます。

あなたの内面の成長に比例して、あなたの平安と幸福があります。大丈夫、あなたは幸せになるために生きています。

「瞑想」

さあ、次は瞑想です。直観のパイプをクリアーにするために、どうしても欠かすことができない習慣の一つが瞑想になります。

瞑想は、今現在、アメリカの大学などで研究が進められて、脳科学的にいろいろな効用が報告されています。記憶力アップ、集中力が上がる、脳波が変わりストレスを減らす、セルフコントロールが培われる（感情のコントロールが出来るようになる）など、とても実生活に役に立つものばかりです。

日本ではまだまだ広がりは薄いですが、アメリカでは、スタンフォードなどの有名大学でも心身の健康を保つために、瞑想を取り入れることを教える授業が人気となっているようですし、また、Googleを筆頭にメジャーな企業でも就業時間中に瞑想を取り入れて仕事の効果を上げているようです。

日本に欧米文化が定着するにはタイムラグがありますから、これから十年、二十年遅れで私たちの生活習慣の一つになっていくのかなと予想しています。それはとてもいいことだと思います。

これだけのストレス社会です。どこかでバランスをとって生活をしていかないと、心が破綻することもあるかもしれません。ストレスに対抗する術として、生活に取り入れることをお勧めします。

何よりお金がかかりません（笑）

瞑想は難しくありません。れんの学校ではこう伝えてきました。

「瞑想は少しお祈りして目をつぶればいいです。できれば一日二回。時間は三十分やってみてください。期間は六年以上。もし、一日一回するなら十二年以上になりますね！……（笑）」

文字にしてみると、あっさりし過ぎているかも。わざわざ本の中で伝える意味もないかもしれません（笑）。ですが、せっかくのチャンスなので体験談も踏まえてもう少し書き加えようと思います。

私自身はたくさんの瞑想にチャレンジしてきました。例えば、手足の組み方を独特な形にするもの、数字を数えたり、光をイメージしたり、サンスクリット語のマントラ（真言）を唱えるもの、専用の音楽を聴きながらするもの、脳波を変える周波数をヘッドホンで聞きながらするもの、ヨガや気功の中で教えられるもの、さらには歩きながらするものや踊りながらするものもあるようですが、そこまではさすがに手をつけていません。そういうものもあることにはあります。

瞑想の歴史自体が古いので、本当に様々の種類のものが開発され、教えられ、伝えられてきています。あれこれ本を買い漁り、有名、無名な先生を問わずに習いに行きました。

お値段も様々。ほぼ無料の先生。妥当なプライスの先生、けっこう高額な先生、そしてさらに信じられないような金額を提示している先生。まさに迷走。プライスレス！　結構小遣いを使ってきましたが、今振り返るといい経験です（笑）。（ここだけの話ですが、瞑想はお値段よりも続けることの方が大事です）

そして色々体験して、自分自身十年以上瞑想をし続けてきて、たどり着いた答えは、とてもシンプルなものです。ここからは、大切なことなので少し真剣に聞いてくださいね。

瞑想には上へ向かう瞑想と下へ向かう瞑想があります。上とは天がある場所ですね。だから明であり、光であり、善であり、聖であり、そしてそこが直観（インスピレーション）が満ちる世界です。

反対に下とは暗であり、闇であり、悪であり、邪であり、そしてそれは直観には程遠い欲望の果て、餓鬼畜生、獣のインスピレーションが満ちる世界です。

これは瞑想に限った話ではありません。どちらの直観で満たされて生きるのかは本人の選択。あくまで自由です。幸せに自由に楽しく生きる世界を望めば、自ずから上を目指します。人に愛されず、人を信じることができず、嫉妬し、恨みを抱え生き、何の救いもないと下を望めば、その人は暴力や罪の世界に向かいます。

瞑想はあくまで一つの道具に過ぎませんが、切れ味が鋭い刀みたいなもの。ぜひ上へ向かって使いこなしていってください。あなたの人生を幸福へと導いてくれることを信じて。

瞑想のやり方は、その時の自分が好きでやりやすい方法を選んでください。ぶっちゃけなんでもいい。ただし大切なことは、繰り返しになりますが心の方向性です。上を向くこと、善を目指すこと、光をイメージすることです。

瞑想が「神聖なもの」であるといわれてきたのは、事実瞑想があなたの精神性を培っていくからです。瞑想を通して精神性という生き物は、上方向へも下方向へもあなたの意思が決めた方向へ向かっていきます。上へ向かえば成長。下へ向かえば堕落。

さて、やり方の話の次は効用です。瞑想を続けていくと人生にどんな変化が訪れるのか？　経験上言えることはコツコツ瞑想を続けていくと、あなたの人生は「瞑想」に引っ張られるようになっていきます。自分ではなかなか気づくことができないけれど確実に瞑想に人生が引っ張られていく。瞑想があなたを引っ張っていく。嗜好が変わる、志向が変わる。食べ物が変わる、友人が変わる。生き方が変わる、そして人生が変わる。

これは体験のない人には伝えるのが難しいですが、瞑想とは「直観」という無意識、超意識のお風呂に浸かるようなものです。そのお風呂の中でいろんな情報を受け取っている。当初は受け取っているように思えないかもしれませんが、確実に受け取っています。とにかくコツコツやること。

そして受け取った情報はあなただけの「知恵」ですが、みんなにとっても滋味の深い、役に立つものだったりして、使い勝手が良かったりします。これもぜひ経験していってみてくださいね。

(あの時の選択はきっと直観が働いたからだ)

(あの岐路で左を選べたのはきっと直観だったなあ)

(こんなアイディアが浮かんだのはなぜだろうなあ？　ああ瞑想のおかげかな)

コツコツと瞑想を続け、瞑想に引っ張られる生活の中で、直面する現実の全てを受け入れ、己を磨く機会とし、己が心を磨いていくこと。そうすればあなたはいつしか「直観」そのものになって生きることができるようになります。「直観」とは「愛と正義」そのもの。それが「道」です。道を歩けば人生は光を放っていく。

イメージしてみてください。

「直観」と「私」の前に扉がある。その扉を開いていく行為が瞑想です。

瞑想の前には必ず気持ちを上へ向かわせること。善や温かさや光をイメージすること。それらは言葉のない「祈り」です。そして「祈り」は直観の住まう扉をノックする挨拶みたいなものです。

また瞑想の前に「私は精神を向上させるもの」「どうか私をさらなる善なるものへ導いて欲しい」「愛深いものへ、正義を知る者へ成長したい」……そのような祈りの言葉を実際に心の中ですることもももちろんよいです。

それから三十分間、目を静かに閉じています。

瞑想中にも、温かいもの、美しい光の中にいるような感じをイメージするのもいいですね。お勧めします。

叩いた扉は、瞑想の中で開けられていきます。必ず開いていきます。一回につきほんの少しだけ。開くには開くけど毎回1ミリに満たないナノミクロン程度。だけど必ず開かれる。確実に開いていく。

「瞑想を始めたけど、仕事のこととか余計なことばかり考えてしまって、全然無になれないよ。だから続かなかったよ。」という言い訳（笑）を受講者からよくもらいます。

実は瞑想は頭と心のなかの掃除だと思ってもらっても間違いじゃありません。だから「余計なことや落ち着かない」は正解です。瞑想が進んでいる状態。大掃除開始。初めはゴミ屑がどんどん出てくる。それはそうだと思います。生まれてから一度も瞑想していないと、頭の中と心の中を一度も掃除していない状態ですから。とにかく毎日掃除していくことが大切です。

そのうちいつの間にか静かになっていきます。ちょうど波立つ湖面が静かになっていくような感じでしょうか？　静かな時を感じ始めます。それで大成功。

禅の世界では「無」が重宝がられますが、そこまで自覚できるものかどうかは私にはよくわかりません。「そういえば、今日の瞑想は何も考えていないような隙間があった感じがあったような。まあ、気持ちよかったかな。」私はそんなものが瞑想だと経験しています。それで十分。頭も心もスッキリ。それで扉は確実に開かれていきます。

瞑想を生活にとりいれて、ぜひ「直観」そのものになっていってくださいね。

それは例えばダンスそのものになること。歌そのものになること。仕事そのものになること。優しさそのものになること。笑顔そのものになること。喜怒哀楽そのものになること。善そのものになること。生きるそのものになること。命そのものになること。正義そのものになること。愛そのものになること。それは「今」をパーフェクトに生きること。それはあなたの「世界」をパーフェクトに味わうこと。

「月の満ち欠け」

月は満ち欠け、ひと月およそ二十九日間で一つのサイクルを終えていきます。日本では明治になるまで月夜を楽しみ、歌を詠みあげ、また暦ともしてきました。太陰暦は月のサイクルを一カ月としますからわかりやすいのがメリットでした。ただし十二カ月で三五四日。そのために季節がずれてしまう。だから何年かに一度、閏年を設けて十三カ月としていた。

現代のカレンダーは太陽暦ですからずれが少ない。閏月を二月に設けて調整しています。日本の歴史の上では一日の主役は太陽、一カ月の主役は月だったのですが、残念ながら現代はどちらも太陽が主役になってしまいましたね。

さて月のお話です。私たちの住むこの大きな地球は月の引力の影響を強く受けています。一日に二回、潮が満ち、そして引いていくのは月の影響ですね。そしてさらに月は、その地球に住む人間にも大きな影響を与えていると昔から考えられてきました。

西洋には占星術、東洋では陰陽論を広げて北極星を夜空の中心に置いて信仰しています。星を読めば自然現象や人の禍福を読み解けるとしてきました。ヨーロッパの王様も中国の皇帝も日本の天皇も例外なく占いを大事にしてきました。そう考えると今でも世界中の人々が占いが大好きなのもうなずけますね。

それだけ夜空にある星々が神秘的なんですよね、やっぱり。小さいころ草むらに寝そべって星空を見上げた経験は誰にでもあると思います。お空はとてもとても広大でピカピカ光る夜空は幼い私を吸い込んでいきました。もちろん蚊も、私のまだにごりのない血をたらふく吸い込んでいきましたけれど……（笑）

私自身はとくに占いには興味はありませんが、宇宙と響きあって生きているのが人間だと考えています。そういう考えを持つことはいいことだと思います。ちっぽけな独りよがりの考えに陥らなくていいし、たとえクサクサしていてもすぐ立ち直れます。「ああ、星が綺麗だな。あの星も私の体も心も、同じ何者かが創り出したんだし。ドーンと構えていようか……」

少し実用的な話になりますが、私自身はカレンダーに月の満ち欠けが記載されている手帳を愛用し、どれくらい月が私たちに影響を与えているのかを調べて楽しんでいます。科学とは数学を重視。すなわち論理、統計、そして確率で物事を調べていくことですね。たくさんの具体的な事実から抽象的で再現可能なものを発見していく作業です。だからこうした実験はとても科学的な態度と呼べます。（自画自賛（笑））

まずは人間の感情。これはとてもわかりやすい。満月は膨らみ。感情も満月にむけて膨らんでいくようです。喜怒哀楽どれもそうだと思います。特にわかりやすいのは怒りと哀しみ。私は会社経営をしていますから、いつも人の中で生活しています。社長業はとにかく人と関わるのが仕事。特に社員さんとは切ってもきれない中。時にあられもない怒りをぶつけられる対象にも（笑）……。逆もしかり。でもやっぱり、ぶつけられる方が多い!? ……いや、ぶつける方!? もちろんどれも私に原因の大半があるのでしょうけど……!? ごくまれにそうではないこともありますよ、きっと絶対に（笑）

社長室に感情的になって飛び込んでくる方。理不尽だなあという理由で責められ睨まれる経験も……。どれも過ぎ去ればいい思い出ですが、そんな時は必ず月の満ち欠けカレンダーをチェックしてきました。するとなんと、かなり高い確率で満月か満月近辺に事件は起きています！（金田一先生、社長室で今日も事件です!!（笑））それに気づくたび（うーん、狼男狼女は現代の話だなあ……）となんとも月の影響の大きさを実感しては、まあしょうがないかとその都度溜飲を下げてきました。

社員が辞表を持ってくるのも、ほとんどは満月の日でした。これも納得できます、って出来るかいっ!?

先代から会社を引き継いだ後の数年間は、まあしょうがないことだとは思いますが、会社の中が落ち着かずに、人の出入りが激しかったので、退社にまつわることを多く経験させてもらいました。時に社長対社員の対決のような様相を呈することも（笑）

入社する、退社するってどんなに時代が変わっても、まだまだ人生ではそれなりのイベントです。本人にとってはそれなりに悩んだりして結論を出していくものですから感情も揺れている。

縁あって入社してもらった人ですから、辞表を出されるといつも考えさせられることが多かったです。それぞれにストーリーがありました。私にとって何よりも「人」を深く学べた貴重な経験となっています。

話は少しそれますが、「縁」についての考えを少し書いてみたいと思います。

縁に偶然はありません。昔からいわれるとおり、袖触れ合うも他生の縁です。世界の人口は八十億人に迫る勢いで増えていますが、そのうち何人と実際に出会い、会話までしますか？　どんな人もこの短い人生ではわずかな人数、たとえば数千人？　しか出会うことができませんね。

またその中で影響を与え合う人物を数えるとなると本当にわずかな人数です。それでまたその中から愛し合える人はもう奇跡、イリュージョンです。

反対に憎しみあえる人も同様に奇跡ですよね。そう考えていくと、私たちの人生にとって新しい出会いそれ自体が、もう本当に奇跡的な確率だと言えます。だからどの縁もダイヤモンドよりも貴重なものなんですよね。

「縁」は活かすか殺すかしかありません。活かすとは「学び切る」ことです。自分が生まれた落ちた家族と兄弟姉妹、結婚相手とその家族親戚、そして縁あって入社した職場、仕事を通じて出会う取引先などの相手やお客様、何かのサークルや例えば所属した経済団体などには特に縁の深い相手が満ちています。

憎たらしい相手なら、相手の嫌なところが気にならなくなるくらい相手の長所を見つけていくこと。自分より経験も知識が豊富な相手からは丸ごと全部盗んでいくこと。理不尽な相手には怯まずに正義を貫くこと。同じところで躓く相手には手を差し伸べ、未熟でひ弱な後輩へはきちんと叱ってあげること……。縁を活かし学び切るとはそういうことです。それこそが人としての成長につながっていく。

あなたがどこかの会社に入社するのは深い縁があってのこと。そこでは、学び切る「何か」が確かにあります。何を学ぶのか？　努力や辛抱、忍耐力や計画すること、数字のこと、競争すること、礼儀の大切さ、みんなのことを考える力。自分の長所を活かすこと、短所をあらためること。世の中の役に立つことの素晴らしさ。自分だけの間違った価値観を見直していくこと。

会社という小さな社会でしか学べないことを学び切ること。それはあなたの使命です。そこから逃げ出すことは簡単です。だけどしんどいこと、辛いこと、嫌なことを避けて逃げる者には、「成長」

はなく、逃げてしまったら喜びや楽しいことや嬉しいことや生きがいや達成感を得ることは絶対にありません。成長に応じてしか幸せは受け取れません。人生はそれほど厳しくもないですが、そんなに甘くもありません。

月の話に戻りたいと思います。次は月のサイクルと人の営みの関係についてです。

誰にでも願いがあります。小さなものから大きなものまで。例えば農作物の種は、蒔けば芽が出るわけではありません。作物によって春に蒔くもの、夏に蒔くもの、秋に蒔くものと、どの種にも蒔くための時季が細かく限定されます。その時季を逃すと種は芽を出さずに枯れていきます。

これと同じように、人の願いにも、種を植え、芽を出させ、実を刈り取る時期があり、それは月の新月と満月のサイクルに強く影響されています。

つまり新月の日を選んで「思いの種」を植えていくことが夢を叶える上でとっても大切だということですね。

私たちが新月に願ったこと、夢として思い描いたことが、満月に向かって根を伸ばし、芽を出し、幹を太くし、ゆっくりと形になっていきます。理由はわかりません。だけど月をチェックする生活を始めてみると社員の採用が決まったり、何か大きな仕事が決まったり、大切なイベントの開催日が全て満月の日に当たっているということを本当に多く経験してきました。

おそらくですが月には力があって、人間の何かを創造したいという意識の種をも膨らませていく。そしてあきらめさえしなければ、それは月の力に後押しされてやがて実を結んでいきます。

だから計画などは新月にするといいと思います。ぜったいにお勧めします。信じるものは救われるでしょ？　計画が大きければ、実現するまで五年十年とかかるかもしれませんが、水やりを忘れず、いつか来る満月に願いが満たされていくと信じてみるといいです。

反対に満月から新月に向かっては、欠けていくイメージに沿うようなものに時間を費やすのがいいと思います。普段できない整理整頓や片付け、また、体のメンテナンスや休養、そして読書しながら一人の時間を持つのも理にかなっていると思います。動的というより静的なイメージを持って生活する方が欠けていく月のサイクルには合っています。

カレンダーを意識しなくても、月のサイクルとともに人生を歩いていることを実感できていければ最高ですね。それは頑張りすぎることなく、かといって頑張らないのでもなく、無理のない自然な人間の命の営み。ストレスが少なく、病気を遠ざけ、そして生まれてきたことに感謝して、人生をフルに楽しんでいる証拠。命の不可思議さをぜひ味わい尽くしていきたいですね。

「れんの学校への入学と卒業・思い込みについて②」

「れんの学校」では、「お話」が一時間くらい、その後に「内観」を十五分程度一緒にしてもらいます。これが一つのセットとなっている授業というかセッションです。一応学校と謳っていますので、一回目の授業を受ける方は勝手ながら新入生としています（笑）

少人数ですので、談笑もあれば、お茶を飲みながらじっくりお話しを聞いたり、時にカウンセリングをさせて頂いたりと比較的自由にやっています。回数は個人によってばらつきがありますが、五回くらいから多くて八回くらいで「卒業」になります。

れんの学校の目的そのものは、自己実現のお手伝いです。入学があるからには卒業もあるわけですが、内観を重ねていくと「生まれてきた目的」を自分で知るようになりますので、その日が卒業になります。ご自分の心の声を聞いた日とも言えます。受講者に卒業証書を紙で作ってお渡しはしませんけれども、どなたも卒業証書の代わりに「天命」を胸に刻んでご卒業されることになります。（ただし私の話に飽きずに、堪えて最後まで来てくれた方だけになりますが……（笑））

私自身は、自己実現は生まれてきた目的、すなわち天命を果たしていくことだと考えています。

では自己実現しやすい人ってどんな人でしょうか？
それは繰り返しお伝えしてきました直観そのものの人。今の流行の言葉ではマインドフルネスの人。その人は「心の傷」と、自分だけの「思い込み」を抱えることのない人（もしくはとっても少ない人）です。

自己実現するには、目標にまっすぐ向かいたいわけです。目標へ向かって自由に羽ばたくためには、その羽を縛り付ける過去の傷や、自分の抱えている歪んだ価値観から自由になっていく必要があります。

そしてさらに一歩進んで「天命」を知り、「天命」に叶う、よりハッピーな未来の自分の姿を強く思い描くことができれば、必ずその人は自己実現を果たしていけるようになっていきます。

この学校は「直観の人」に近づいてもらうことが目的ですので、「お話」の内容は、誰もが抱えていて普段なかなか自分では気づくことの出来ない「時代の思い込み」などにスポットを当てることが多いです。また歓談の場で気づいたその受講者さん個人の「思い込み」にもカウンセリングなどをしてアプローチさせて頂いたりします。そしてまた経営者として、母親として、社員としてなどの受講者の職業に応じて、なるべくプラスになるような話をさせて頂いたりします。

さて「思い込み」は別の章でも取り上げましたが、とても大切なので再度ご一緒に考えてみたいと思います。個人の抱える「思い込み」は実に様々、多種多様ですが大きな特徴があります。それは、「尖っていて人を刺す」ということです。そのような特徴を持っていますので、「思い込み」は必ず周囲との不和を起こしていくように働いています。

少しむずかしい話をしますが寝ないでついてきてください（笑）

「思い込み」はその人個人だけが抱えている価値観です。それは具体的には「○○すべきだ」や「ねばならない」という形をとります。

例えば恋愛のパートナーと同棲を始めると、それぞれの「思い込み」があぶり出されたりします。男性が頑固一徹、昭和な男で「女性が家事をすべきだ！」と思い込んでいる。彼女の方はいつも料理を作ってあげたいし、洗濯もしてあげたいとは思ってはいますが、分担できる時には少しのお手伝いはして欲しいというごく当たり前の願望を持っています。初めは恋の魔力!?で、ある程度は我慢できるかもしれません。でもそれも数年かもしれませんよね。子供でも出来れば、よっぽど我慢強い女性でないと大抵は破綻していくのは目に見えますよね？

この場合、男性の価値観が尖っているので女性を刺していきます。不和や破綻とまで至らないように男性は、早めに自分の抱えている価値観が尖っていると気づいて改めていく必要があります。

「思い込み」はその人だけが正しいと思っている価値観です。大きく４つのカテゴリーに分けられるかと思います。「家で受け継がれている価値観」「時代の価値観」「住んでいる土地柄・文化風習」「医者や先生など権威から教えられて盲目的に信じているもの」です。

家事は女性が……なんていう価値観はまさに時代の価値観ですよね。ここで全部はとりあげませんが、例えばテレビの健康番組を信じやすい人はテレビに出てくる医者という権威に負けてしまう方かもしれません。コマーシャリズムが必ず底辺にあるのがテレビです。気を付けたいものです。

尖ったものが押し付けられると大抵人は逃げていきますが、その相手がたとえば子供や一緒に住む老齢のご家族などの弱い相手ならば逃げることなど出来ません。逃げることのできない相手に押し付けていくことは、弱いものいじめと近い性質があります。とくに家庭の価値観は、遺伝するかのように代々受けつがれていきます。時間をかけて子供に擦り込まれていくために、中々解消することができなくなります。

どんな方にも丁寧に自分の内側を見つめて「〇〇すべきだという価値観」を発見して棚卸していくことをお勧めします。だって、周りを刺し続けることで、一人また一人とみんなが離れていき、晩年になってから孤独に暮らすなんてとってもさみしいことですもの……（周りを見渡してみてください。あなたの近くにけっこうそんな方いらっしゃいませんか？）

自分で発見できなければいつでもお手伝いさせてくださいね～。ただし、その時は私にその毒針は刺さないでくださいね（笑）

「過去生のこと」

ここからは「れんの学校」で行っている「内観」をお伝えするためにも、これまで経験してきたことを混ぜながら書き進めたいと思います。

前述しましたが瞑想はコツコツと何年も進めていくと、荒れた湖面が静まるようにストレスや日々のガチャガチャした思いの整理や掃除が進んでいきます。

さらにもっと瞑想が進んでいくと、今度は水底に沈む岩や倒れた枯れ木などが見えてくるかのように、潜在意識の大きな引っ掛かり（記憶）に気付くことができるようになります。

それには「過去生」といわれるものも含まれています。私自身そのいくつかを思い出していますが、それは全く夢をみるような感じです。

例えば、飛行機から爆弾がどんどん落ちてくる中、逃げ惑う子供の一人が私でした。右手で妹の手を引き、左手にその妹の友達を引いて走っていたようです。そして燃え盛る屋根の梁が私の肩の上に落ちてきたところでその夢のような映像は終わりました。「今のは何だったのだろうな?」と瞑想を終えしばらく思いを馳せていました。

後日思い出したことですが、小さい頃に毎日見る夢がありました。それは自分がエイっと空を飛ぶところから決まって始まります。手を広げて空を自由に飛び回ることができて、とても気持ち良いのです。しかし、しばらく経つと燃え盛る街の上、山の上に入っていきます。だんだん気持ちの良さは薄れ、燃え盛る薄暗い街を遠巻きにそして冷静に眺めています。夢はそこから続くこともあれば、そこで終わることも多かったように思います。

小さい頃に毎日見ていた夢と、瞑想で見えた逃げ惑う映像がこの時に一本の線につながりました。（ああそうだったのか！　遠い過去の実体験だ！）すぐに直観しました。いつも見ていた夢は過去生で抱えてしまった悲しみの記憶だったのです。

今にして思えば過去生のトラウマに夢の中で毎晩うなされていたわけです。さらにこの過去生の記憶は、生まれ変わっても自分にマイナスの影響を与えていることに気づきました。

それはずっと戦争映画を観ることが出来なかったことです。本当に嫌でしょうがなかったのです。ずっと避けていた。何十年ものあいだです。おそらくその時に逃げ惑っていた少年の僕にはこれが戦争だということがわかっていた。そしてそれはとても嫌なものだと思っていた。だって飛行機がバンバン爆弾を落としていくから……（悲）。そしてさらには、焼け崩れる家に押しつぶされた怖い記憶までをまとわされた。

だけど不思議なことにこの記憶をはっきり思い出した後では、もう戦争映画をみることが嫌ではなくなっていました。爆弾でも鉄砲でも残酷な戦いのシーンも、特に避けることもなくなっている

自分に気がつきました。今では好んでみたりします（笑）

ここでわかったことは、過去の「心の傷」（ここでは過去生の出来事）が人生における選択肢の幅をいかに狭めているのかということ。これが鎖という意味です。本来は選んでもいいものを選べない。つまり自由さを失っているということですね。

実は心の傷（過去生も含む）も、思い込み（過去生からのものも含む）も悪者ではありません。どちらもあなたの心の成長に欠かせないものです。悲しい経験をすればするほど、人に優しくなれるからです。だから人は傷ついていく。誰もが人に言えない悲しみを抱えて生きていく。

「命」はそのようにして、悲しみある人生に立ち向かうために生まれ、時に嵐に立ち向かい、時に全てを失い、神様さへも恨み、光が全く差し込むことのない深い闇さえ経験します。だけど決して明けない夜はありません。人の悲しみを己の悲しみにできる日まで、人の喜びを我が喜びとできる日まで、歯を食いしばって歩いていくのです。

「気とチャクラのこと」

もう一つ自分の体験から書きたいと思います。瞑想をしているとある時、強烈なエネルギーが体の中を駆け上がりました。

皆さんは、ナディとチャクラという気の通り道とその交差点のエネルギーセンターをご存知でしょうか？　中国語では経絡と経穴（ツボ）とかいいますので、そちらの方が馴染み深いかもしれません。経絡がナディで気の通り路。身体中の経絡が交差している大きな経穴（ツボ）のような場所がチャクラです。ん？　書いていて思いました。分かりづらいかもしれません（笑）

とにかく体は肉体だけで出来ているわけではなく、気が流れていて、瞑想中に体を突き抜けていった強烈なエネルギーの正体が「気」だったわけです。その強烈な「気」は尾骶骨から頭のてっぺんへ向かってぐるぐるとトグロを巻きながら体を駆け上がっていきました。（後で知ったことですが、ヨガの世界ではクンダリーニ体験というそうです。興味のある方は調べてみてくださいね）

それでもまあ、変な体験だったなあと当時の僕は呑気なものです。なぜなら瞑想中に変な体験を、それまでにもたくさん経験してきていたからです。たとえば明らかに外からのエネルギーで体が強く動かされたり、また何か小さな虫（そうとしか思えなかった（笑）―　正体は何でしょう？　―もし知っている方がいれば連絡ください）が、一匹心臓の裏の穴!?から這い出てきて、体中の血管の中をモゾモゾと動いているような感覚を覚えたこともあります。

お掃除ロボットってありますよね。ちょうどあんな感じで不規則に体の隅々を回って掃除をしている？　そんな変な感覚です。その生き物は体を一回りしてお仕事を終えたかのように、這い出してきた心臓の裏側の巣穴にご丁寧に戻っていきました（笑）

ちょうどクンダリーニ体験のその時も、その蟻のような小さな虫（あくまでイメージです（笑））が体中の血管に沿って動き回って、最後にポトリと尾骶骨に落っこちました。そして一瞬の間があって、物凄いエネルギーが私の尾骶骨から這い上がっていった。あぐらをかいていましたが、お尻が座っていたフローリングの床から空中に浮き上がったんじゃないかと思ったほどの力です。ぐるぐると回る体はどんどん速さを増し、その回転の大きさもどんどん増して、おでこが床すれすれにぶつかるほどに体が独楽のようにクルクル回りました。

そんな体験がありましたが、まあいつものことだと思い普通に生活していました。でも翌日か、その翌日だったと覚えていますが体にとても違和感があることに気づきました。どうもグワングワン何かが回っています。体の近くを。それも何箇所も。そして気づきます。その回転がヨガの本などで書かれているチャクラの場所と一致していることに……（ああ、これがチャクラかあ。ほんとにあるんだなあ）なんて感じでこの変な感覚の正体を理解しました。

チャクラについて説明します。大まかにいうと、体に七つあります。下から尾骶骨、おへその下の丹田と呼ばれているところ、みぞおち、胸の真ん中、喉、眉間、そして頭頂部。ヨガや精神世界の本では、チャクラについて色々書いてありますが、ここで説明することはあくまで私の体験から理解してお伝え出来ることです。なるべく簡潔に書いてみます。

チャクラが大きく回転している、そしてきれいに回転していると血流、そして血流に影響を強く与える気流もよく循環しています。反対にチャクラが小さくしか回転していないと、また綺麗な円を描いていない状態は、血流と気流がよく循環していないということが言えるかと思います。つまりエネルギーの循環が悪い状態と、エネルギーの循環が良い状態があるということです。

大きくきれいに回転しているということは、自分のことを最大限にこの世界で発揮出来ているということになります。心のつまりがない。体のつまりがない。そういう状態だと元気な状態ですよね。元気だと病気になりにくく、そして、何事にも積極的に取組め、結果を出していきやすい。つまり、自己実現しやすい人です。

もしそうならば大きくきれいに回転させたいですよね？　どのようにすればいいのでしょうか？瞑想だけすればいいのでしょうか？　いいえ、そうではありません。瞑想はあくまで道具のようなもので、本丸は命の成長です。つまりは心と体の成長に応じてチャクラが大きくきれいに回転していく。エネルギーが滞りなく循環していくようになります。

主要なチャクラを七箇所述べましたが、それぞれが私たちの心と体に大きく関係しています。

第一チャクラ（尾骶骨）は肉体に関係しています。体を大事にしようという心を育て、それを実践することによって、どんどん大きくきれいに回転していきます。つまり体にとって良い食事を摂り、運動などを生活に取り入れることなどが大切です。

次は第二チャクラ。これは丹田にあります。実行力や勇気を発揮することで大きくきれいに回転していきます。勇気を持って席を譲る。勇気を持って正義を貫く。勇気を持ってリーダーシップをとる。勇気を持って発言する。勇気を持って叱ること……などですね。

次は第三チャクラ（みぞおち）。感情をコントロールできるようなることで大きくきれいに回転していく。もちろん喜怒哀楽があって人間です。どれも悪者ではありません。しかし度を越せば、それにはエゴが混ざる。健康にとってもよくない。特に怒りと哀しみをセルフコントロールできるようになることは人として大切な成長です。

幼稚な心の持ち主は、思い通りにならないとすぐに怒り出します。しかし相手の立場などを理解できるようになっていくと思い通りにならなくても怒りは起きなくなっていきます。哀しみも同様です。私のことを理解してと子供は泣き叫びます。しかし大人になると、自分のことも他人のことも大事にして、自己憐憫の哀しみをコントロールできるようになります。これが成長です。

次は第四チャクラです。これはハートにあります。人の悲しみを我が悲しみ、人の喜びを我が喜びとできるようになることで、大きくきれいに回転していきます。愛のチャクラと呼ばれています。

次は第五チャクラ。喉にあるチャクラです。ここは表現を司る場所。たとえば歌って踊れるようになることです。それが出来れば、大きくきれいに回転していきます。つまり人前で自分を表現できるようになることが求められます。職場で、公共の場所などで、きちんと自分の意見を言えるようになることや、初対面の人と上手にコミュニケーションがとれること。社交場で相手を楽しませ、自分も楽しむことが出来ること。それは社会の中で、支え合いながら生きることを命題とする人間にとって、やっぱり大切な成長になります。

第六チャクラは眉間のチャクラ。ここは直観に関係しています。これは前述したように、囚われをなるべく無くしていくことで大きくきれいに回転していきます。執着（心の傷、思い込み）があると世界をまっすぐみることが出来ません。またアイディアもビジョンも内なる心の声もあなたにまっすぐ届きません。

自己実現する方は創造する力が強いともいえるわけですが、眉間のチャクラがしっかりと働き出すと、未来のイメージ図がぼんやりと浮かびやすくなります。そこからは論理の出番になりますが、原因を見定めて、現実を分析して、きっとこうなって、ああなるなあ、って具合に未来のゴールをシミュレーションしていく。最終的には、頭に浮かんでいたイメージ図とシミュレーションで得た仮説をすり合わせしてみるとなんともしっくりくる。ぴったりだったりするわけです。

「浮かんだアイディアはきっと形になって上手くいくぞー！　やってみようかな!!」

もちろん色々な要素を加味できれば未来をより上手く創造できますよね？　これまでの人生での経験からのデータも予測に混ぜ込んで、誰がそれを行うかによっても結果が変わりますので、「プレイヤー」の動きもデータとして必要です。そして出来上がったプランを一つ一つ実践に移し、積み上げていく。

余談ですが私たちが住んでいる世界は、原因があって結果のある世界です。だから自分に降りかかる「目の前の現実」は、結果というキャッチボールの球を受け取っていることになります。目の前に起きた嫌な出来事に対して、すぐ不平や文句を言っていると、その人の人生には笑顔が増えていきません。なぜなら受け取った現実のその多くは自分が投げた球が多いからです。（ブーメランの法則とか返報性の法則とか自業自得とかいいますね）マイナス言葉はマイナスな現実を創っていきますので、自分で悪送球（嫌な現実）を投げたのに、それへ文句や不平を重ねていると、負のスパイラルを降り続けていくことになってしまいます。悪送球を投げたのは自分だったと気づかなければ永遠に……ずうっと、楽しい日々がなくなってしまうまで……（涙）

そんな悲しい状態に落ちていかないように私の場合、いつも目の前に起きているこの現実を投げたのは私かな？　他の誰かかな？　それとも天が投げたものかなあ？　と考える癖をつけています。自分が発信したと思い当たるものは反省して、他の誰かの発信ならば諦めて、天が発信したものなら、どんなことも前向きに受け入れるようにしています。参考にしてみてくださいね。

天とか神が投げてくるものってあるの？　って思う方は多いのかもしれません。おかしな人だなあって思われるのも嫌ですがそれはもちろんありますよ。だってあなたの今の結婚相手や恋人やパートナーってどうやって出会って、結ばれたのですか？　何度もいいますけれど地球には七十七億人の方が現在暮らしています。

「なぜめぐり合うのかを私たちは何も知らない♪♪」それこそは天の演出とか奇跡とか、偶然を装った必然だと思います。うーん、中島みゆきさんＬＯＶＥ!!

最後は第七チャクラ（頭頂部）です。これは「信」の心が高まると大きくきれいに回転していきます。「信」というのは、目に見えないものを理解していく力。第六チャクラが働き出して直観力が高まっていくと、この世界は目に見えないものに支えられていることにたくさん気づいていきます。

今の時代になっても科学では解明できていないことが九十八％とも九十九％とも言われているように、ほぼほぼわかっていないのが私たちの住む世界。

例えば私たちの体の内側外側に数兆もの微生物がオーラのように群をなして住んでいるということも、最近の研究で少しだけわかってきたことですよね。

そういうことに気づいていくと、実に私たちは自分一人では心も体も生きていることが出来ないことが身に染みてわかってきます。

さらに、瞑想を通してになりますが、あらゆる命が繋がりあって「この命」があるとわかればわかるほど、大自然の美しさが胸に迫ってきて涙がにじんできたり、今日も新しい朝を迎えられた喜びに胸が躍ったり、愛する人々に囲まれて当たり前に過ごせる日常が愛おしくて、胸が震えていくようになります。

「信」の心は、感謝する心です。ありがとうの深まりがあなたの成長です。

「気の世界の住人」

またまただいぶ寄り道しました。そうそう、体が独楽のように回転してエネルギーが頭頂から突き抜けていったところまでお伝えしましたね。そしてチャクラと呼ばれている体の七箇所に、違和感を覚えた。「ん？　回っている？」と。

この世界には五感では捉えることが出来ない、もっと極小の物質があって、それを「気」とか呼ぶわけですが、この極小の物質はこの三次元を超えた次元のものともいえるわけですね。

要するに五感を超えたところが別の次元（五次元とか六次元とか……）で、それはこの世界と地続きにいつもそこにあるってことになります。あまりに極小すぎて五感では触《ふ》れたり触《さわ》ったり出来ないだけです。

だけどきちんとある。目には見えない、手には触れることが出来ない世界はずっと広がっている。そしてそこには肉体以外の自分の体も存在しています。俗にいうオーラ体ですね。そしてさらにその次元にはその次元の住人、意思を持った何らかの存在もいます。

チャクラが大きく開いていくと、それらの存在と「コミュニケーション」することも出来るようになります。それが天使とか悪魔とか、狐とか狸とか、神とか仏とか、お化けとか霊とか、妖精とか精霊とか、ハイヤーセルフとか日本の神様たちとか、そんな風に様々な名前を付けられてきた存

在だということもわかってきます。（コミュニケーションといっても個人差、程度の差はあるのだろうと考えています）

私は生まれつきの霊感と呼ばれるものはありませんでした。だからまあよくわからないことだらけで、毎日混乱したり、面白いなあと思ったりしたわけです。もちろん素人でわからないことばかりの私は、何とか理解したいと、スピリチュアル関係の本は洗いざらい読み漁りました。それでどこまで理解したかはわかりません。せいぜい全体の一％くらいかな？　そもそもこの現実の世界でも知らないことばかりですよね。

政治、経済、歴史、科学、語学、経営、心理、体のこと。それすら未だにままならないのに「気」の世界がにわかに広がって、自分の抱える世界が二倍に増えた。今では急速にインターネット空間が広がってきていますので感覚としては世界が三倍に増えてしまった。真面目に理解しようと取り組んでいったら精神を病んでしまうので諦めています（笑）

その「コミュニケーション」については一般的にチャネリングと呼ばれています。すべての目に見えない存在が、神とか仏ならコミュニケーションもありがたいですが、そんなことはありません。初心者の私はそれがわからず本当に苦労しました。

チャネリングについてはここでは詳しく書きませんが、いずれ皆さんも通る道なので覚えていて欲しいことがあります。それは、チャネリングの相手は善い存在か悪い存在かのどちらかだということです。よい存在は天使とか神とか呼ばれてきましたが、こちらは調和を好みます。つまり愛と平和の先生でしょうか。

反対に悪い存在は悪魔とか鬼などと呼ばれてきましたが、こちらは不調和を好みます。つまり、仲違いや孤立や恐れを作り出すことが大好きです。

私自身は当初よくわからずにアクセスしてくる存在とお付き合いしていました。よく巷でいわれている、自分の指導霊（ガイド）だと疑いなく思っていました。ほんとウブでしたね（笑）

今思えばあまりに無知だったなあと思いますが、そのおかげでまあ怖い体験もびっくりするようなことも、面白い体験もたくさんできたわけです。結局諸々の体験を経てわかったことは、悪い神の指し示す方向にはトラブルと対立と孤立と借金とが待っているということです。

奈落の底の一歩手前で「これはいかんっ!!」とようやく気がついて、そこからテクテクと引き返してきましたが、いやあ傷の深いこと、深いこと。その傷が癒えるまでかなりの年数を費やしてきました（笑）。多くの人も巻き込んでしまったなあと反省しています。

不快な思いをした方もいらっしゃるので具体的に書けないですが、申し訳ないことしたなあと思うばかりです。悪い神はもう懲り懲りです。（誤解がないように書いておきますが、その後はハイヤーセルフとの関係性が深まることによってもう騙されることはなくなっています。まあそれでも絶対はないぞっていつも気をつけています。ハイヤーセルフについてはここでは書かないので興味の

ある人は色々調べてみてくださいね）

だから霊能者とか世界にはたくさんいらして、ご商売なさっている方もいますけど、いつも半々でご相談なさることをお勧めします。いい神もあれば、悪い神からの言葉もあるってことですね。

さて、ここから少し大切なことですが、あなたが「気」がわかってもわからなくても、チャネリングしていてもいなくても、よい存在も悪い存在も確実に存在し、彼らはあなたの「思い」に乗っかって陰ながらいつも応援してくれているということです。それがお仕事。すごいですね。まさしくボランティア。

そしてその「思い」が良心ならば「善い神」が見守り手助けしてくれる。反対にその「思い」がエゴや汚れた欲望ならばその思いに沿って「悪い神」が手助けしてくれます。

だから結局は自分の「思いの美しさ」が大切です。

どなたの人生もその人の人生なので、どちらを選んで生きても自由かなあと思っています。けれど「どっちを選べばいい？」と問われたならば、やっぱり幸せで明るく楽しい人生を作り出していって欲しいので、良心を大切にして生きていくことをお勧めします。悪い神に引っ張られたあんなにきつい経験は誰にも経験してもらいたくないですもの（笑）

「傾聴と追体験」

イメージしてみてください。あなたは魂です。それは光の玉のようなものだとします。その光の玉には光の体があります。心の体です。オーラの体ですね。あなたの肉体とは別の次元にありますが、あなたの心がこの現実世界で深く傷つくと、そのオーラ体も深い傷を負います。オーラ体の傷は、たとえあなたが生まれ変わったとしても残り続けます。

その傷が癒える条件は一つだけ。それはその傷を乗り越え、精神性を成長させることです。成長し、ようやく傷が「かさぶた」に変わります。「かさぶた」になってもあなたの意識によくない影響を与え続けます。だから完治が必要です。完治させるためには癒しが必要です。れんの学校ではその「かさぶた」を取り去るワークを「内観」と呼んでいます。

やり方は簡単です。ご一緒に目を瞑ってもらうだけです。私自身は内観中はちょうどテレビやラジオのアンテナのように、あなたの潜在意識とあなたの顕在意識の中継をしているような感じです。そして内観を受けている方の潜在意識にある過去の悲しみに触れ、私が追体験していきます。その場に何人いてもそれは可能です。

追体験し終えると、悲しみの霧雨が私に降り注いできます。それで内観が終了します。感度のいい方はご自分の過去のことを思い出したりもしますが、それは特に重要なことではありません。

もう少し理解してもらいたいので、瞑想によって気がわかるようになってからの私に起きた変化をもう一つ。

例えば目の前にいる人が抱えている不安や、心臓の高鳴りなどが「気」として私のオーラ体に 飛び込んでくるというか、同調してしまうことが起きるようになったことです。

「あれ、この胸のドキドキは？ 目の前の方はちょっと不安なんだなあ」とか、急に悲しい気分が襲ってきて「この人のこの少し悲しい気分は何かなあ？」とかいう感じです。

そしてある日、友人と喫茶店でお話ししていると、なんとなく過去の悲しい出来事をその友人は語り出しました。内容はちょっと忘れてしまいましたが、本当に辛く悲しい体験だなあと親身になって話を聞き終えた時です。私は返す言葉がまったく見つからずに、呆然としながらも、たった一言だけこう告げました。

「うん、それは辛かったね……」

その友人はうつむき加減の視線をこちらに向けて上げ、私の目を見つめ静かにうなずくと、うっすらと目に涙を浮かべました。するとすぐに変化が起きました。彼女の体から悲しみのヴェールが霧雨となって私に降り注いでくるのです。

しとしとと降りそそぐその「気」の雨に打たれると、私の心の奥底のまるで自分の魂の住処《すみか》としか言えない場所がその悲しみに同調し、私は震え、泣き叫び始めました。まるでその方の過去の悲しみを今ここで味わっているかのような感じです。

（なんて悔しいんだろう。なんて悲しいんだろう。なんて寂しかったんだろう……）

その体験の後に徐々に理解していったことですが、私が人の悲しみに同調することで、人の過去の悲しみが癒えることがわかるようになりました。

つまりオーラ体にあるトラウマのヴェールを、はがし取り除いている。もっとわかりやすく言えば、同調することで霧雨へと変化したその降り注ぐ悲しみを、私のオーラ体が吸い付けていきます。べっとりと（笑）。まるで掃除機（笑）のように。これが今の内観を行うようになったきっかけの一つです。

心理療法で行われる「傾聴」には、実はこのような癒しの効果があるかと思います。（ただし傾聴すれば全てに癒しが起きることはありません。形ではなくて傾聴者の心の開発に大きく左右されるものだろうと思います。つまり、陽だまりのようににっこりとすべての話を受け止めてくれるようなあたたかいお婆ちゃんみたいな心が必要だろうと推測しています。かなり遠回しの表現で申し訳ありません……）

「傾聴」のことを例に挙げましたが、このような一つ一つの新しい体験は、多くの気づきと理解を私にもたらし続けてくれています。今もそれは続いています。それは私にとっては「命の法則」を知るための冒険です。命は何のためにこの世界に生まれてどこへ向かうのか？　成長とは何か？　みんなが知って役立つ法則は何か？　一つでも発見してお伝えできればいいなと思っています。

お一人お一人が抱える過去の悲しみは実に様々です。例えばいじめられていたこと、殴りつけられ、足で蹴られたこと……。もちろん過去性でのトラウマはもっとひどい（笑）。刀で切られたり、弓で射抜かれたり、切腹したり……。よくもまあ人はたくさん死んでは生まれ、生まれては死んでいることがよくわかります（笑）

繰り返しになるかもしれませんが、内観をたくさんの方としてきてわかることは、命は過去から連続しているということ。魂には過去生も今生もない。ただ連続しているということ。生まれ変わっても、過去性での悲しみの体験を傷として抱えながら、新しい人生をスタートさせているということでした。

「内観」はあなたにとって、もうすでに不必要な過去の足かせを取り除き、自由に物事を見て、自由に選択して、人生を自由に泳いで行けるようなそんな癒しとして行うエネルギーワークとでも言えばいいでしょうか？

ここまで大分字数をかけて「内観」について説明してきましたが、どうも字数をかけてきてもその内容がきちんと伝えきれなかったような（笑）。もっと簡単な言葉で、楽しくふわっと伝えられるように言葉を磨いていかないといけませんね！　頑張りまーす!!

「天命を知る」

人は天命を持って生まれてきます。誰一人例外なく、この人生で「こんなことをしたい」「こんな風に生きていく」と目的を決めて生まれてきています。そして生まれてきた目的を知るための法則もあります。これも内観を繰り返す中で理解していったことの一つです。

同じ人に繰り返し内観を何度も重ねていくと、当然癒すべき「心の傷」が無くなっていきます。全てがなくなるとその時には癒しは起こりませんので、私自身は内観中に（ああこの方の癒すべき心の傷がなくなったんだなあ）とわかります。そしてその時点が天命を思い出すタイミング。すかさず相手に質問をしていきます。

「あなたが生まれてきた目的は何ですか？　自分の胸に問いかけてみてください。」

すると受講者は自分の生まれてきた目的、つまり天命に気づいていきます。その方法は様々です。心の声を聞く。言葉が浮かぶ。ビジョンを観る。とっても不思議なことだと思いますが、皆さんそうですから私が否定することはできません。百人に二人くらいの割合ですが、まれに「わかりません……」と気づけない方もいます。（それにはいろいろな理由があるなあと推測をしていますが、あまり大切なことではないのでここでは記載しません。ご本人が気づけない場合には、その方には私からお伝えしています。）

誰もが「天命」に気付いていくということは、私が受講者へ内観を始めた当初はよくわかっていなかったことです。

私自身は日課の瞑想中に「天命」に気づいていきました。はっきりとしたビジョンと言葉が浮かんできました。

いつそれが起きたか？　よく振り返って考えてみればそれは心の傷による「執われ」がなくなった時でした。つまり前述したように癒すべき過去の傷がなくなった時です。でもこれが誰にでも当てはまる法則だとは思っていませんでした。

どこかで天命というものがあるのなら知りたいなあと、ずっと心の片隅で思って過ごしていましたから、生まれてきた目的が本当にあったと分かった時はやっぱり清々しかったです。この命には意味がある。使命がある。

繰り返します。生まれてきた目的を思い出すには「もうすでに不必要になった心の傷」を全て癒してしまうこと、取り除いてしまうことが必要です。この状態に入ると必ずどなたも天命を思い出せます。これは命の法則の一つです。

さてこの「天命を知る法則」ですが、このことを実によく理解して言葉にしていた先人がいます。およそ２５００年前に中国に生まれた孔子です。彼は政治家であり、官僚であり、教育者でしたが、日本では論語で有名な方ですよね。

彼のお母さんは、日本で言えば巫女の家系の人です。そのため孔子は小さい頃から祈りや占いや天にまつわる話をよく耳にしていたといわれています。勉強に励み官僚になりますが、日の目を見ることのない日々を過ごします。そんな中でも彼は学問を愛し人間力を磨いていきます。

時が満ちついに出世も果たしますが、正義を愛し、自分の政治哲学への理想を求めていく途上、大変な権勢を奮っていた権力者相手にもひるまず改革を試みますが、権力闘争に敗れ、国を追われることに……。すでに高齢となっていましたが彼の情熱は全く衰えず、外国で己の政治哲学を実現しようと、就職先を求め、何年ものあいだ諸国を渡り歩いた夢追い人でもありました。

そんな彼が残した言葉にこういうものがあります。

四十にして惑わず
五十にして天命を知る
六十にして耳順《みみした》がう

日本語に訳すとこうなります。

「四十歳になると『心の傷』がすっかり癒えて、ふとした瞬間に、不安になったり落ち込んだりすることがなくなったよ。

五十歳になると心の声を聞き、ようやく『天命を自覚』するようになったなあ。

そして六十歳を迎えて、ようやくさ、抱えていた自分の『思い込み』に気づいたんだよ。ほんとそんなものを抱えているなんて思ってもいなかったけどさ。ああ楽になったよ。物事をまっすぐに見られるし、そして人の話を先入観なしに聞けるようになったんだよ。つまり素直な人になれたということだよ。」


不惑《ふわく》、知命《ちめい》、耳順《じじゅん》。これは孔子がその当時お弟子さんに語った言葉です。命を最大限に輝かせて生きるためのルートを、これほどまでに簡潔に説いて聞かせた。

孔子は自分が経験したからこそわかっていたんですね。心を自由に働かせて輝いて生きるには順序があるってことを。「癒し」「知り」「思い込みを超える」が私たちの命の道のりだと。感動で背筋がしゃんとします。すごいなあ。一体何者？ 私にとってはタイムマシーンに乗って会いに行ってぜひ言葉を交わしてみたいと思っている憧れの聖人です。


さあ「天命を知るための法則」、そしてさらに一歩進んでそこから「命を輝かせる法則」をお伝えしてきました。皆さんにも孔子の声が届いたらいいな。そして自由に羽ばたきたい。もっともっと人生を輝かせていきたいって思ってもらえたら嬉しいな。

癒し。自覚。手放す。

この「輝くための道」へぜひチャレンジしてみてください。きっとあなたは光を放っていきます。

「やっぱり愛こそすべて」

「愛の反対は無関心」、スコピエに生まれたマザーテレサが残したこの言葉はあまりに有名です。マザーテレサ、本名はアグネス・ゴンジャ・ボヤジュ。九歳で地元の名士だった父を亡くし、十八歳でキリスト教カトリックの修道女となります。その後インドのダージリンにあるロレット修道院に渡り修行し、カルカッタ郊外にある学校に派遣され教師としても過ごしますが、三十六歳の時、列車の中で神の呼びかけを聞いたと言います。

「すべてを捨てて、最も貧しいものに仕えなさい。」

その後の活躍は皆さんが知るとおり。カルカッタのスラム街で、飢え乾き、死を待つだけの人々の世話をし、手を握り、死を看取っていきました。その数一〇万人。

彼女は神の呼びかけを人生で二度聞いたと話しています。一度目は母親のもとを離れキリスト教の修道女となること。そして二度目はロレット修道院をやめて死を待つだけの路上生活者の手を握ること。十八歳の旅立ちの時、母とはこの人生でもう会えないだろうという直観があって、実際にこれ以後再会することはなかったそうです。彼女は神の呼びかけに忠実だった。彼女にとって神の呼びかけは絶対だった。

私はマザーの次のようなエピソードが大好きです。彼女の活動が徐々に認められ知られるようになって、世界中から彼女を慕って人々が集まったそうです。そして何か私にもお手伝いをさせてくださいと頼んだ。彼女は決まってこう話したそうです。

「あなたの国にも助けが必要な人がいるでしょう？　帰ってその人たちを助けてあげなさい。」

私たちはおそらくですが、この広い宇宙のどこかで、何千年、何万年前になるのか見当もつきませんが、一つの命として生まれています。愛の種を宿す一つの光として生まれた。それはとてもとても小さな愛の光です。まだよちよち歩きの赤ちゃんです。そこから命は旅を続けます。愛の光を大きくするためです。

内観をしていると、私たちが何度も生まれ変わっているのが理解できます。心に傷を負うことで、人が愛を徐々に理解していくことがわかります。いじめられた人は人をいじめなくなります。胸が苦しいほどの、どうしようもない悲しみを経験すれば、人の悲しみに寄り添うことが出来るようになる。

私自身は、勉強会やカウンセリングで多くの人の悲しみに触れることのできる機会をもらえたこの人生に、心から神様に感謝しています。誰もが悲しみを背負って一生懸命生きているのがわかったからです。明るい人も元気な人も、例外なく皆悲しみを背負って生きている。

繰り返しになりますが、私たちはみんな愛の光を大きくするために生まれてきています。そして神様は、一つ一つの愛の光が眩《まばゆ》いほどに輝き出して、一人一人のハートから溢れてこぼれ落ちていくことをずっと待っています。ひとたび愛があなたからこぼれ落ち始めれば、あなたという愛の泉がもう決して枯れることはありません。そして、こんこんと溢れ、溢れてはこぼれ落ちる愛こそが、疲れた人、諦めた人、悲しみの底で苦しむ人々の命を潤していきます。

マザーテレサは誰よりも人に優しく、そして誰よりも人に厳しい人だったそうです。愛の光はそのような人からこぼれていきます。「愛」はぼんやりしていて広大で捉えどころがないように思えますが、決してそんなことはありません。マザーテレサをお手本として母のような優しさを育み、そして父のような厳しさを育んでいけばいいのです。

「母の愛」は我が子のすべてを受け入れます。時に我が子が悪事をなし犯罪者へと堕ちてしまったとしても子への愛は変わりません。時に身代わりになって死のうとし、時に世界を敵に回しても子を守ろうとするのが母の愛だと思います。

「父の愛」とは正しさを子の心に揺るぎがなくなるまで打ち込んでいくことです。弱いものをいじめるというような、卑怯な心を何よりも恥じるように全身全霊で伝えていきます。社会があって私が成り立つのであって、我儘は通用しないということを全身全霊で伝えていきます。そして生きることは周りの人の役に立っていくことだということを自分の生き様をとおして伝えていきます。もちろん我が子が嘘と卑怯と不誠実によって社会に迷惑をかけたのなら親子の縁を切ることも厭わず、さらには鬼神となり、その命さえ一刀両断する厳しさが父の愛です。

これまでの話と矛盾するようですが、私たちは結局は放っておかれても成長するものだと思います。なぜならこの世に生まれ落ちることが出来たからです。この世界ではやっぱり辛いこと、苦しいこと、嫌なことを経験しますし、どんなに上手く立ち回ったとしても、その全てから逃がれることは出来ません。逃げても、逃げてしまったという心の傷をも背負うのが人生です。傷を負えばいつかは必ず癒えるものです。癒えれば成長していく。例え、今生癒えることがなくても次の人生では癒えていく。だからこそ放っておかれても成長するものだと思います。

だけど、誰もが成長はしますが、誰もが輝くことはありません。

あなたの魂が最も悲しむことは、この一度限りの人生で光り輝くことのないことです。光をこぼしていくことが出来ない人生です。このたった一度きりの人生を輝かすにはどうしてもあなたの意思の力が必要です。受け身でも「成長」はしますが、受け身では「輝くこと」が出来ないのが人生です。逃げずに己にチャレンジし続けることでしか光を放つことはありません。

またもう一つ、神様がどなたの人生にも意思の力で乗り越えなければならない課題を用意しています。それは憎しみ合う相手を許すことです。ぶつかり、いがみ合ったり、近づきたくもなくなってしまった相手の幸せを偽りなく心から祈れるようになることです。

私たちにはよくソウルメイトがいるといわれますね。もしくはソウルグループがあるといわれています。この人たちとは生まれ変わってもまた家族になったり、兄弟になったり、職場の同僚として、ライバルとして何度も人生をご一緒する、関係がとても深い相手だといわれています。そしてその中には生まれ変わっては喧嘩して、いがみあって、憎しみ合う因縁の相手もいるといわれます。

これはそのとおりかと思います。私自身が前世の人生を思い出してはあの人とは侍仲間だったとか、この人は戦争の時に一緒に逃げた人だなあとか、そのほか過去生から続く人のご縁をいろいろ思い出したからです。

「右の頬を打たれたら左の頬を差し出せ」とは、イエスキリストの言葉です。彼は憎しみ合う相手に対して、あなたの方からあなたの意思で許さなければならないよということを伝えたかった。あなた以外に左の頬を差し出せる人はいません。

試しに、憎んでいて会いたくもない人に、さっさと左頬を差し出しに行ってみてください。「お前を許しに来た」とか何とか……。相手は「はあ!! 喧嘩でも売りに来たのか?」なんてことになって、きっと罵詈雑言の雨あられ。始めは黙って聞いていても（左頬を差し出してぶたれ続けていても）そのうちあなたは我慢出来なくなって、結局は大喧嘩になってしまうかもしれません（笑）。あはは。直接はなかなか厳しいですね（笑）。イエスも宇宙の果てから「あっちゃあ……」と困った顔をしてしまうかも……（笑）

直接ではなくてもいいです。離れた場所からでも相手の幸せを祈ることで、相手とのこんがらがった憎しみが必ず溶けていきます。

大切なことは毎日祈り続けることです。ほんのわずかな時間で構いません。その人の健康を、その人の幸せを願ってみてください。あなたが相手の顔を思い描いても感情的にならず、自然に相手の幸福を祈り願えるようになるまで……。

月日を要しますが、憎しみ合ってきた因縁が溶け去った時、それは何かしらのサイン（吉兆）となってあなたのもとにやってきます。これも大切な命の法則の一つ。

カウンセリングでこのような話をした時「あいつは絶対に許せないし、会いたくもないし、思い出したくもない。」ってプンプンに怒っていらした方がおられました。それはそうですね、だって嫌いなものは嫌いですから。

それでも怯《ひる》まず「相手の幸せを毎日祈るといいです。」とお伝えしましたが「祈るとどうなりますか？　許すとどうなりますか？　溶けたからって何になりますか？」と聞いてきます。

その時はすかさずこう話します。

私　「来世では、もうその人に会うことはないでしょうねえ……。だってこの世で一番大切な愛のレッスンを卒業ですから。」

相手「・・・・・・。」

さてようやく次で最後となりました。ここまで拙い話にお付き合いいただきましてありがとうございました。

私がセミナーで受講者さんからよく受ける質問があります。それは「この世界から戦争はなくなりますか？」というものです。

本当にいい質問!!　やっぱり戦争なんてない方がいいですもの!!　決まってこう答えています。

「戦争は無くなりませんよ。万が一にも無くなるとしたらそれは、夫婦喧嘩が世界からなくなってしまっている時だと思います。」

受講者さんは皆さん大笑いしてこう返してくれます。

「じゃあ無理ですね!!（笑）」

やっぱり愛こそ全てです。親子、夫婦、兄弟、恋人、嫁姑よ。
みんなー、愛し合ってるかい？

「あとがき」

いかがでしたか？　最後までお読みいただきありがとうございました。

本の中では触れませんでしたが、孔子の言葉には続きがあります。

「七十にして心の欲するところに従えども矩《のり》をこえず」（従心）

訳すと「自由に生きて、なお平和を乱さず」になります。

つまりオーケストラですね。自分の音色を自由に奏でても、それは相手の旋律や全体のハーモニーと調和して響きあっている……。

とってもいいですね、そして美しい世界です。そのような平和づくりのために、これからもほんの少しでも誰かのお役に立っていけたのなら幸いです。

これまでご縁頂いたすべての皆さんに心より感謝いたします。そしていつも私を支えてくれる家族同様の社員とスタッフの皆さんへ心からの感謝の言葉を―いつもありがとう。

最後になりましたが、みなさまのお幸せな日々を心よりお祈り申し上げて、あとがきに代えさせていただきたいと思います。

佐藤　康則（さとう　やすのり）
1974年生まれ。福島県郡山市出身。大学を卒業後、フリーターを経て、平成12年2月に両親の経営する文房具，事務機器販売の会社（(株）ぱるる）へ入社。平成26年8月に代表取締役就任。平成29年5月に内観やカウンセリングを行うために菩耶樹（株）を設立。平成30年1月より、自己実現をお手伝いするためのセミナー「れんの学校」を始める。

連絡先　〒963-0221　福島県郡山市字亀田西63番
TEL(024)952-5512　E - MAIL: yasu@paruru.co.jp
株式会社ぱるる
菩耶樹株式会社
代表取締役　佐藤康則

※「れんの学校」は予約制となっています。お気軽にお問合せください。

瞑想の先～ 光り輝いて生きるために～
令和３（2021）年２月12日 第１刷発行

著　者　佐藤 康則
表紙イラスト　高野　晨
発行者　斎藤 信二
発行所　株式会社　高木書房
〒116 - 0013
東京都荒川区西日暮里5 - 14 - 4 - 901
電　話　03 - 5615 - 2062
FAX　03 - 5615 - 2064
メール　syoboutakagi@dolphin.ocn.ne.jp
印刷・製本　株式会社ワコープラネット

 ISBN978-4-88471-462-8 C0011